Impressum
Verlag: BABADADA GmbH, Nedderfeld 112 , 22529 Hamburg
Geschäftsführer / Verlagsleitung: Harald Hof
Druck: Books on Demand GmbH, In de Tarpen 42, 22848 Norderstedt

Imprint
Publisher: BABADADA GmbH, Nedderfeld 112 , 22529 Hamburg, Germany
Managing Director / Publishing direction: Harald Hof
Print: Books on Demand GmbH, In de Tarpen 42, 22848 Norderstedt

синф
classroom

бўлмоқ
divide

186/2

доска
board

мактаб ховлиси
school yard

ўқитувчи
teacher

қоғоз
paper

ёзмоқ
write

ручка
pen

иш столи
desk

линейка
ruler

китоб
book

ўқувчи
pupil

осма сумка

satchel

қаламдон

pencil case

қалам

pencil

қалам учлагич

pencil sharpener

ўчиргич

rubber

расм албоми

drawing pad

чизмачилик

drawing

бўёқ чўтка

paintbrush

бўёқдон

paint box

қайчи

scissors

елим

glue

машғулот дафтари

exercise book

уй иши

homework

рақам

number

кўшмоқ

add

айирмоқ

subtract

кўпайтирмоқ

multiply

ҳисобламоқ

calculate

хат

letter

алифбо

alphabet

сўз

word

матн

text

ўқимоқ

read

бўр

chalk

дарс

lesson

журнал

register

имтиҳон

examination

гувоҳнома

certificate

мактаб формаси

school uniform

таълим

education

қомус

encyclopedia

олийгоҳ

university

микроскоп

microscope

харита

map

урна

waste-paper basket

меҳмонхона
hotel

сайёҳлар ётоқхонаси
hostel

пул айирбошлаш шаҳобчаси
currency exchange office

чемодан
suitcase

машина
car

тил
language

ҳа / йўқ
yes / no

Хўп
Okay

салом
hello

таржимон
translator

Раҳмат
Thank you

неча пул...?

how much is...?

Тушунмадим

I don't get it

муаммо

problem

Хайрли кеч!

Good evening!

Хайрли тонг!

Good morning!

Хайрли тун!

Good night!

кўришгунча

goodbye

йўналиш

direction

йўловчи юки

luggage

сафархалта

bag

юк халта

backpack

меҳмон

guest

хона

room

уйқуқоп

sleeping bag

чодир

tent

саёҳларга маълумот
бериш столи
....
tourist information

пляж
....
beach

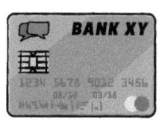

омонат карта
....
credit card

нонушта
....
breakfast

нонушта
....
lunch

кечки овқат
....
dinner

чипта
....
Ticket

лифт
....
elevator

марка
....
stamp

чегара
....
border

божхона
....
customs

элчихона
....
embassy

виза
....
visa

паспорт
....
passport

транспорт
transport

самолет
airplane

кема
ship

ўт ўчирувчи машина
fire truck

автобус
bus

юк автомобили
truck

моторли қайиқ
motorboat

велосипед
bike

машина
car

солсимон ясси кема

ferry

қайиқ

boat

мотоцикл

motorbike

посбон машинаси

police car

пойга машинаси

racing car

ижарага олинган автоулов

rental car

автоижара

car sharing

шатакка олувчи юк
автомобили

tow truck

ахлат машинаси

garbage truck

мотор

engine

ёқилғи

fuel

ёқилғи қуйиш шаҳобчаси

fuel station

йўл белгиси

traffic sign

йўл ҳаракати

traffic

тирбанд

traffic jam

втомобил тўхтаб туриш
жойи

parking lot

поезд бекати

train station

рельс

tracks

поезд

train

трамвай

tram

вагон

wagon

вертолёт

helicopter

аэропорт

airport

минора

tower

йўловчи

passenger

контейнер

container

қоғоз қути

carton

аравача

cart

сават

basket

учмоқ / қўнмоқ

take off / land

шаҳар

city

қишлоқ

village

шаҳар маркази

city center

уй

house

кинотеатр
movie theater

реклама
advert

кўча чироғи
street light

CINEMA

кўча
street

такси ҳайдовчи
taxi

тамаддихона
snack shop

пиёда
pedestrian

йўлка
sidewalk

пиёдалар ўтиш жойи
zebra crossing

урна
dumpster

чорраҳа
crossing

йўлчироқ
traffic lights

кулба
hut

квартира
apartment

поезд бекати
train station

маҳаллий ҳокимият
биноси
city hall

музей
museum

мактаб
school

олийгоҳ

university

банк

bank

шифохона

hospital

меҳмонхона

hotel

дорихона

pharmacy

идора

office

китоб дўкони

book shop

дўкон

shop

гул дўкони

flower shop

супермаркет

supermarket

бозор

market

универмаг

department store

балиқ дўкони

fishmonger's shop

савдо маркази

mall

бандаргоҳ

harbor

истироҳат боғи

park

банк

bench

кўприк

bridge

зинапоя

stairs

метро

subway

ер ости йўли

tunnel

автобус бекати

bus stop

бар

bar

ресторан

restaurant

почта қутиси

postbox

кўча ёзув осма тахтаси

street sign

тўхтаб туриш вақтини ҳисоблагич

parking meter

ҳайвонот боғи

zoo

бассейн

swimming pool

масжид

mosque

шаҳар - city   13

чорвачилик хўжалиги

farm

атроф-муҳит ифлосланиши
pollution

қабристон

cemetery

ибодатхона

church

болалар ўйингоҳи

playground

эҳром

temple

манзара
landscape

япроқ
leaf

йўлкўрсатгич
signpost

йўл
path

ўтлоқ
meadow

тош
stone

дарахт
tree

пиёда сайёҳ
hiker

дарё
river

майса
grass

гул
flower

водий

valley

қир

hill

кўл

lake

ўрмон

forest

чўл

desert

вулкан

volcano

қалъа

castle

камалак

rainbow

кўзиқорин

mushroom

пальма дарахти

palm tree

пашша

mosquito

чивин

fly

чумоли

ant

асалари

bee

ўргимчак

spider

кўнғиз

beetle

қурбақа

frog

олмахон

squirrel

типратикон

hedgehog

қуён

hare

укки

owl

қуш

bird

оққуш

swan

эркак чўчқа

boar

буғу

deer

бутоқ шоҳли кийик

moose

тўғон

dam

шамол генератори

wind turbine

қуёш батареяси

solar panel

иқлим

climate

официант
waiter

таомнома
menu

стул
chair

шўрва
soup

пицца
pizza

ошхона анжомлари
cutlery

дастурхон
tablecloth

газак
starter

асосий таом
main course

десерт
dessert

ичимликлар
drinks

таом
food

бутилка
bottle

тез пишар таом

fast food

кӯча таоми

street food

чойнак

teapot

шакардон

sugar bowl

порция

portion

эспрессо кофе машинаси

espresso machine

болалар курсичаси

high chair

ҳисоб

bill

лаган

tray

пичоқ

knife

санчқи

fork

қошиқ

spoon

чой қошиқ

teaspoon

қӯл сочиқ

serviette

стакан

glass

ликоп

plate

шўрва коса

soup plate

тақсимча

saucer

қайла

sauce

туздон

salt shaker

қалампир янчгич

pepper mill

сирка

vinegar

ёғ

oil

зираворлар

spices

кетчуп

ketchup

хантал

mustard

майонез

mayonnaise

чегирма
special offer

мижоз
customer

сут маҳсулотлари
dairy products

мева
fruit

харид араваси
shopping cart

қассобхона

butcher's shop

нонвойхона

bakery

тарозида ўлчамоқ

weigh

сабзавот

vegetables

гўшт

meat

музлатилган таомлар

frozen food

яхна гӯшт

cold cuts

консерва

canned food

кир ювиш воситаси

detergent

ширинликлар

candy

кундалик истеъмол моллар

household products

ювиш воситалари

cleaning products

сотувчи

sales representative

касса аппарати

cash register

ғазначи

cashier

харид рӯйхати

shopping list

иш вақти

opening hours

ҳамён

wallet

омонат карта

credit card

халта

bag

целлофан халта

plastic bag

сув

water

шарбат

juice

сут

milk

кока-кола

coke

вино

wine

пиво

beer

спиртли ичимлик

alcohol

какао

cocoa

чой

tea

кофе

coffee

эспрессо

espresso

капучино

cappuccino

банан

banana

олмахон

apple

апельсин

orange

қовун

melon

лимон

lemon

сабзи

carrot

саримсоқ

garlic

бамбук

bamboo

пиёз

onion

қўзиқорин

mushroom

ёнғоқ

nuts

лағмон

noodles

спагетти

spaghetti

гуруч

rice

салат

salad

картошка-фри

fries

қовурилган картошка

fried potatoes

пицца

pizza

гамбургер

hamburger

сэндвич

sandwich

тўқмоқланган тўш қиймаси

escalope

дудланган чўчқа гўшти

ham

салями колбасаси

salami

сосиска

sausage

товуқ гўшти

chicken

қовурилган

roast

балиқ

fish

сули бўтқаси

porridge oats

мюсли

muesli

маккажўхори ёрмаси

cornflakes

ун

flour

француз булочкаси

croissant

булочка

bread roll

нон

bread

қизартирилган нон бўлаги

toast

пиширик

cookies

сариёғ

butter

творог

curd

пирог

cake

тухум

egg

қовурилган тухум

fried egg

пишлоқ

cheese

музқаймоқ

ice cream

шакар

sugar

асал

honey

мураббо

jelly

шоколад пастаси

nougat cream

зарчава

curry

деҳқон уйи
farm house

похол тугуни
straw bale

пичанхона
barn

дала
field

от
horse

тиркама
trailer

трактор
tractor

қулун
foal

эшак
donkey

қўй
sheep

қўзи
lamb

эчки

goat

сигир

cow

бузоқ

calf

чўчқа

pig

чўчқа боласи

piglet

буқа

bull

ғоз

goose

ўрдак

duck

жўжа

chick

товуқ

hen

хўроз

cockerel

каламуш

rat

мушук

cat

сичқон

mouse

хўкиз

ox

ит

dog

каталак

dog house

ҳовли боғ шланги

garden hose

гулчелак

watering can

белўроқ

scythe

темир омоч

plow

қўлўроқ

sickle

чопқи

hoe

паншаха

pitchfork

болта

axe

ғалтакарава

pushcart

охур

trough

сут бидони

milk can

тўрва

sack

панжара

fence

оғилхона

stable

иссиқхона

greenhouse

тупроқ

soil

уруғ

seed

ўғит

fertilizer

комбайн

combine harvester

ҳосил олмоқ

harvest

йиғим-терим

harvest

ямс

yams

буғдой

wheat

соя

soya

картошка

potato

маккажўхори

corn

рапс уруғи

rapeseed

мевали дарахт

fruit tree

маниок

manioc

ёрма

grain

мӯри
chimney

том
roof

тарнов
downspout

дераза
window

гараж
garage

эшик қўнғироғи
doorbell

эшик
door

урна
trash can

хатлар учун қути
mailbox

боғ
garden

меҳмонхона

living room

ваннахона

bathroom

ошхона

kitchen

ётоқхона

bedroom

болалар хонаси

kids room

ошхона

dining room

пол

floor

девор

wall

шип

ceiling

подвал

cellar

сауна

sauna

болохона айвони

balcony

айвон

terrace

бассейн

pool

ўт ўргич машина

lawn mower

кўрпажилд

sheet

чойшаб

bedspread

кроват

bed

супурги

broom

пақир

bucket

мурват

switch

гулқоғоз
wallpaper

сурат
picture

чироқ
lamp

токча
shelf

жавон
cabinet

ўчоқ
fireplace

телевизор
television

гул
flower

ёстиқ
cushion

диван
sofa

гулдон
vase

масофадан бошқариш пульти
remote control

гилам
carpet

парда
drape

стол
table

стул
chair

тебранма курси
rocking chair

кресло
armchair

китоб

book

кўрпа

blanket

ҳашам

decoration

ўтин

firewood

кино

film

стерео қурилма

stereo system

калит

key

рўзнома

newspaper

расм

painting

плакат

poster

радио

radio

ён дафтар

notebook

чанг ютгич

vacuum cleaner

кактус

cactus

шам

candle

совутгич
fridge

микротўлқинли печ
microwave oven

ошхона тарозиси
kitchen scales

тостер
toaster

ювиш воситалари
laundry detergent

духовка
stove

мўзхона
freezer

урна
trash can

идиш ювадиган машина
dishwasher

плита

cooker

кастрюль

pot

чўян қозон

cast-iron pot

бўртма тубли това

wok / kadai

това

pan

човгун

kettle

мантиқасқон

steamer

тунука това

baking tray

идиш

crockery

кружка

mug

коса

bowl

таом ейиш таёқчалари

chopsticks

чўмич

ladle

куракча

spatula

кўпиртиргич

whisk

элак

strainer

элак

sieve

қирғич

grater

ҳовонча

mortar

гриль

barbecue

олов

fireplace

оштахта

chopping board

жува

rolling pin

пармасимон тиқин очгич

corkscrew

консерва

can

консерва очгич

can opener

тутгич

oven cloth

унитаз

sink

идиш чўтка

brush

қозонсочиқ

sponge

қориштиргич

blender

музлатгич

deep freezer

сўрғичли чақалоқ
бутилкаси

baby bottle

кран

tap

душ
shower

иситиш тизими
heating

сочиқ
towel

дарпарда
shower curtain

кўпикли ванна
bubble bath

ванна
bathtub

стакан
glass

кир ювиш машинаси
washing machine

кран
tap

кафель
tiles

тувак
potty

унитаз
sink

ҳожатхона

toilet

полга ўрнатиладиган
унитаз

squat toilet

таҳоратдон

bidet

сийдик унитази

urinal

ҳожатхона қоғози

toilet paper

ҳожатхона чўткаси

toilet brush

тиш чўтка

toothbrush

тиш пастаси

toothpaste

тиш тозалагич ип

dental floss

ювмоқ

wash

дастакли душ

hand shower

таҳорат учун душ

douche

тоғора

basin

елка қашлайдиган чўтка

back brush

совун

soap

душ учун гель

shower gel

шампунь

shampoo

мочалка

flannel

қувур

drain

крем

creme

дезодарант

deodorant

кўзгу

mirror

қўл кўзгуси

hand mirror

устара

razor

устара учун кўпик

shaving foam

салқинлантирувчи
бальзам
aftershave

тароқ

comb

чўтка

brush

фен

hair-dryer

соч учун лак

hairspray

пардоз-андоз

makeup

лаб учун помада

lipstick

тирноқ лаки

nail varnish

пахта

cotton wool

тирноқ қайчиси

nail scissors

духи

perfume

пардоз-андоз халтаси

washbag

курси

stool

тарози

weighing scales

чӯмилиш халати

bathrobe

резина қӯлқоп

rubber gloves

тампон

tampon

гигиеник таглик

sanitary towel

биоҳожатхона

chemical toilet

бонг соат
alarm clock

юмшоқ ўйинчоқ
cuddly toy

ўйинчоқ машина
toy car

шақилдоқ
rattle

қўғирчоқ уй
doll's house

совға
present

шар

balloon

кроват

bed

болалар аравачаси

stroller

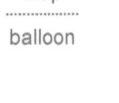

карта тўплами

deck of cards

терма тасвир

jigsaw

кулгили саҳна асари

comic

лего ғиштлари

lego bricks

ўйинчоқ кубиклар

toy blocks

ўйинчоқ қаҳрамон

action figure

ползунка

romper suit

учар ликопча

frisbee

осма шақилдоқ

mobile

стол ўйини

board game

ошиқ

dice

поезд макети

model train set

сўрғич

pacifier

ўтириш

party

расмли китоб

picture book

копток

ball

қўғирчоқ

doll

ўйнамоқ

play

қумдон

sandpit

арғимчоқ

swing

ўйинчоқлар

toys

ўйин приставкаси

video game console

уч ғилдиракли велосипед

tricycle

бахмал айиқ

teddy bear

кийим шкафи

wardrobe

кийим

clothing

пайпоқ

socks

чулки

stockings

колготка

tights

шарф
scarf

соябон
umbrella

футболка
t-shirt

камар
belt

ботинка
boots

тапочка
slippers

кроссовка
sneakers

шиппак
sandals

туфли
shoes

резина этик
rubber boots

тор турсик
underwear

кўкракпеч
bra

майка
undershirt

кийим - clothing

боди
body

иштон
pants

жинси
jeans

юбка
skirt

кофта
blouse

кўйлак
shirt

жемпер
pullover

узун чакмон
sweater

спорт бичимидаги пиджак
blazer

куртка
jacket

пальто
coat

плаш
raincoat

либос
costume

кўйлак
dress

келин кўйлак
wedding dress

костюм шим

suit

тунги кўйлак

nightgown

пижама

pajamas

сари

sari

шолрўмол

headscarf

салла

turban

паранжи

burka

чакмон

kaftan

абая

abaya

чўмилиш костюми

swimsuit

турсик

trunks

шортик

shorts

спорт костюми

tracksuit

фартук

apron

қўлқоп

gloves

тугма

button

кўзойнак

glasses

билагузук

bracelet

мунчоқ

necklace

узук

ring

сирға

earring

кепка

cap

пальто илгак

coat hanger

шляпа

hat

бўйинбоғ

tie

замок

zip

дубулға

helmet

шим тортгич

braces

мактаб формаси

school uniform

форма

uniform

ошхўрак
bib

сўрғич
pacifier

таглик
diaper

идора
office

қоғоз-ҳужжатлар шкафи
filing cabinet

сервер
server

принтер
printer

экран
monitor

қоғоз
paper

сичқонча
mouse

иш столи
desk

папка
folder

клавиатура
keyboard

стул
chair

урна
waste-paper basket

компьютер
computer

кофе кружкаси
coffee mug

калькулятор
calculator

интернет
internet

ноутбук

laptop

хат

letter

мактуб

message

уяли телефон

cell phone

тармоқ

network

нусха кўчиргич

photocopier

дастур

software

телефон

telephone

розетка

plug socket

факс

fax machine

шакллар

form

ҳужжат

document

харид қилмоқ

buy

тўламоқ

pay

савдолашмоқ

trade

пул

money

доллар

dollar

евро

euro

йен

yen

рубль

rouble

швейцар франки

Swiss franc

эньминьби хитой юани

renminbi yuan

рупи

rupee

банкомат

cash point

пул айирбошлаш
шаҳобчаси
currency exchange office

олтин

gold

кумуш

silver

нефт

oil

энергия

energy

нарх

price

шартнома

contract

солиқ

tax

акция

stock

ишламоқ

work

ишчи

employee

иш берувчи

employer

завод

factory

дўкон

shop

полициячи
police officer

ўт ўчирувчи
fireman

ошпаз
cook

шифокор
doctor

учувчи
pilot

боғбон

gardener

дурадгор

carpenter

тикувчи

seamstress

ҳакам

judge

кимёгар

chemist

актёр

actor

автобус ҳайдовчиси

bus driver

такси ҳайдовчи

taxi driver

балиқчи

fisherman

фаррош

cleaning lady

том устаси

roofer

официант

waiter

овчи

hunter

бўёқчи

painter

нонвой

baker

электр устаси

electrician

қурувчи

builder

муҳандис

engineer

қассоб

butcher

сувчи чилангар

plumber

почтачи

postman

аскар

soldier

меъмор

architect

ғазначи

cashier

гулчи

florist

сарторош

hairdresser

чиптачи

conductor

механик

mechanic

капитан

captain

тиш шифокори

dentist

олим

scientist

яхудийлар руҳонийси

rabbi

имом

imam

роҳиб

monk

руҳоний

pastor

асбоблар
tools

болға
hammer

омбир
pliers

отвертка
screwdriver

гайка очгич
wrench

чўнтак чироғи
torch

экскаватор
excavator

асбоблар қутиси
toolbox

нарвон
ladder

кўларра
saw

мих
nails

пармадаста
drill

тузатмоқ

repair

белкурак

shovel

Жин урсин!

Damn!

хокандоз

dustpan

бўёқ идиш

paint can

бурама мих

screws

мусиқа асбоблари
musical instruments

уриб чалинадиган мусиқа асбоблари
drum set

радиокарнай
loud speaker

гитара
guitar

контрабас
double bass

сурнай
trumpet

пианино

piano

ғижжак

violin

бас-гитара

bass

қўшноғора

timpani

дўмбира

drums

клавиатура

keyboard

саксофон

saxophone

най

flute

микрофон

microphone

арслон
tiger

қафас
cage

зебра
zebra

ем
animal feed

кириш
entrance

панда
panda

ҳайвонлар
animals

фил
elephant

кенгуру
kangaroo

каркидон
rhino

горилла
gorilla

айиқ
bear

туя

camel

туякуш

ostrich

шер

lion

маймун

monkey

фламинго

flamingo

тўти

parrot

оқ айиқ

polar bear

пингвин

penguin

акула

shark

товус

peacock

илон

snake

тимсоҳ

crocodile

ҳайвонот боғи қоровули

zookeeper

тюлень

seal

ягуар

jaguar

тўпичоқ от

pony

қоплон

leopard

бегемот

hippo

жирафа

giraffe

бургут

eagle

эркак чўчқа

boar

балиқ

fish

тошбақа

turtle

морж

walrus

тулки

fox

оху

gazelle

америка футболи
American football

велосипед ҳайдаш
cycling

теннис
tennis

баскетбол
basketball

сузиш
swimming

бокс
boxing

муз хоккейи
ice hockey

футбол
soccer

бадминтон
badminton

енгил атлетика
athletics

қўлтўпи
handball

чанғи учиш
skiing

поло
polo

сакрамоқ
jump

кулмоқ
laugh

кучмоқ
hug

юрмоқ
walk

қуйламоқ
sing

ҳаёл қилмоқ
dream

ибодат қилмоқ
pray

ўпмоқ
kiss

ёзмоқ

write

чизмоқ

draw

кўрсатмоқ

show

итармоқ

push

бермоқ

give

олмоқ

take

эга бўлмоқ

have

бажармоқ

do

бўлмоқ

be

турмоқ

stand

югурмоқ

run

тортмоқ

pull

улоқтирмоқ

throw

йиқилмоқ

fall

алдамоқ

lie

кутмоқ

wait

ташимоқ

carry

ўтирмоқ

sit

кийинмоқ

get dressed

ухламоқ

sleep

уйғонмоқ

wake up

қарамоқ

look at

йиғламоқ

cry

зарба бермоқ

stroke

тарамоқ

comb

гаплашмоқ

talk

тушунмоқ

understand

сўрамоқ

ask

тингламоқ

listen

ичмоқ

drink

емоқ

eat

йиғиштирмоқ

tidy up

севмоқ

love

пиширмоқ

cook

ҳайдамоқ

drive

учмоқ

fly

кемада сузмоқ

sail

ҳисобламоқ

calculate

ўқимоқ

read

ўрганмоқ

learn

ишламоқ

work

турмуш қурмоқ

marry

тикмоқ

sew

тиш ювмоқ

brush teeth

ўлдирмоқ

kill

чекмоқ

smoke

йўлламоқ

send

буви
grandmother

бува
grandfather

ота
father

она
mother

чақалоқ
baby

қиз
daughter

ўғил
son

мехмон

guest

амма

aunt

тоға

uncle

ака

brother

опа

sister

пешона
forehead

кўз
eye

елка
shoulder

бармоқ
finger

юз
face

ияк
chin

қўл панжалари
hand

кўкрак
breast

оёқ
leg

қўл
arm

чақалоқ

baby

одам

man

аёл

woman

қиз бола

girl

ўғил бола

boy

бош

head

орқа

back

қорин

belly

киндик

navel

оёқ панжаси

toe

товон

heel

суяк

bone

бел

hip

тизза

knee

тирсак

elbow

бурун

nose

думба

buttocks

тери

skin

яноқ

cheek

қулоқ

ear

лаб

lip

тана - body

оғиз

mouth

тиш

tooth

тил

tongue

мия

brain

юрак

heart

мушак

muscle

ўпка

lung

жигар

liver

ошқозон

stomach

буйрак

kidneys

жинсий алоқа

sex

презерватив

condom

тухум ҳўжайра

ovum

уруғ

semen

ҳомиладорлик

pregnancy

тана - body

ҳайз

menstruation

бачадон

vagina

олат

penis

қош

eyebrow

соч

hair

бўйин

neck

шифохона
hospital

тез ёрдам
ambulance

ногиронлар аравачаси
wheelchair

суяк синиши
fracture

шифокор

doctor

Шошилинч тиббий ёрдам
кўрсатиш бўлими

emergency room

ҳамшира

nurse

тез ёрдам

emergency

ҳушсизлик

unconscious

оғриқ

pain

жароҳат

injury

қонаш

bleeding

юрак хуружи

heart attack

инсульт

stroke

аллергия

allergy

йўтал

cough

иситма

fever

тумов

flu

ич кетиш

diarrhea

бош оғриғи

headache

саратон касали

cancer

қандли диабет

diabetes

жарроҳ

surgeon

жарроҳ пичоғи

scalpel

жарроҳлик амалиёти

operation

томография

CT

рентген

x-ray

ултратовуш текшируви

ultrasound

юз ниқоби

face mask

касаллик

disease

қабулхона

waiting room

қўлтиқтаёқ

crutch

малҳамли пластир

plaster

бинт

bandage

укол

injection

юрак урушини ва ўпкани
эшитиб кўрадиган асбоб

stethoscope

беморлар учун замбил

stretcher

термометр

clinical thermometer

туғруқ

birth

семизлик

overweight

эшитиш мосламаси

hearing aid

дезинфекцияловчи восита

disinfectant

инфекция

infection

вирус

virus

ОИВ / ОИТС

HIV / AIDS

дори

medicine

эмлаш

vaccination

таблетка

tablets

дори

pill

тез ёрдам қўнғироғи

emergency call

қон босимини ўлчаш асбоби

blood pressure monitor

касал / соғлом

ill / healthy

Ёрдам беринглар!

Help!

хавф-хатар ишораси

alarm

тажовуз

assault

хужум

attack

хавф

danger

фавкулодда ҳолатларда
чиқиш эшиги

emergency exit

ўт ўчиргич

fire extinguisher

Ёнғин!

Fire!

фалокат

accident

биринчи тиббий ёрдам
тўплами

first-aid kit

фалокат сигнали

SOS

полиция

police

Европа

Europe

Шимолий Америка

North America

Жанубий Америка

South America

Африка

Africa

Осиё

Asia

Австралия

Australia

Атлантик океани

Atlantic

Тинч океани

Pacific

Ҳинд океани

Indian Ocean

Антарктида океани

Antarctic Ocean

Арктика океани

Arctic Ocean

Шимолий қутб

North pole

Жанубий қутб

South pole

Антарктика

Antarctica

Ер

earth

ўлка

land

денгиз

sea

орол

island

миллат

nation

давлат

state

астрономик вақт кўрсатгичи

clock face

соат мили

hour hand

дақиқа мили

minute hand

сония мили

second hand

Соат неча?

What time is it?

кун

day

вақт

time

ҳозир

now

рақамли соат

digital watch

дақиқа

minute

соат

hour

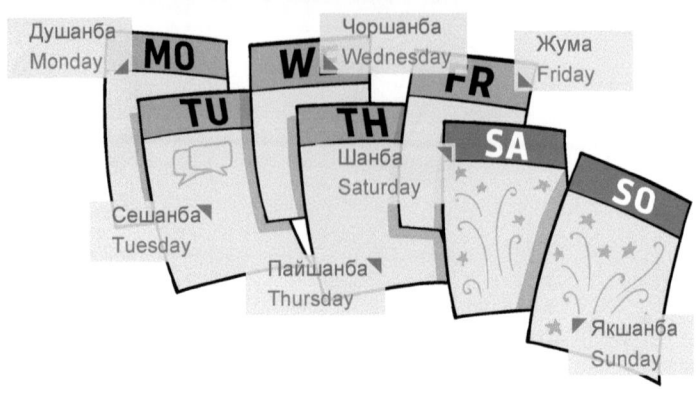

Душанба / Monday
Чоршанба / Wednesday
Жума / Friday
Сешанба / Tuesday
Шанба / Saturday
Пайшанба / Thursday
Якшанба / Sunday

кеча

yesterday

бугун

today

эртага

tomorrow

эрталаб

morning

пешин

noon

кечқурун

evening

MO	TU	WE	TH	FR	SA	SU
1	2	3	4	5	6	7
8	9	10	11	12	13	14
15	16	17	18	19	20	21
22	23	24	25	26	27	28
29	30	31	1	2	3	4

иш кунлари

workdays

MO	TU	WE	TH	FR	SA	SU
1	2	3	4	5	6	7
8	9	10	11	12	13	14
15	16	17	18	19	20	21
22	23	24	25	26	27	28
29	30	31	1	2	3	4

дам олиш кунлари

weekend

ёмғир
rain

камалак
rainbow

қор
snow

шамол генератори
wind

баҳор
spring

куз
fall

ёз
summer

қиш
winter

об-ҳаво маълумоти

weather forecast

термометр

thermometer

қуёшли

sunshine

булут

cloud

туман

fog

намгарчилик

humidity

чақмоқ

lightning

момоқалдироқ

thunder

бўрон

storm

дўл

hail

намгарчилик мавсуми

monsoon

тошқин

flood

муз

ice

Январь

January

Февраль

February

Март

March

Апрель

April

Май

May

Июнь

June

Июль

July

Август

August

Сентябрь

September

Октябрь

October

Ноябрь

November

Декабрь

December

шакллар
shapes

айлана

circle

квадрат

square

тўртбурчак

rectangle

учбурчак

triangle

доира

sphere

куб

cube

оқ

white

сариқ

yellow

сабзи ранг

orange

пушти

pink

қизил

red

тўқ қизил

purple

кўк

blue

яшил

green

жигар ранг

brown

кул ранг

gray

қора

black

кўп / оз

a lot / a little

ғазабли / хотиржам

angry / calm

гўзал / хунук

beautiful / ugly

боши / охири

beginning / end

катта / кичик

big / small

ёруғ / қоронғу

bright / dark

ака / сингил

brother / sister

тоза / ифлос

clean / dirty

тўлиқ / чала

complete / incomplete

кун / тун

day / night

ўлик / тирик

dead / alive

кенг / тор

wide / narrow

еса бўладиган / еса бўлмайдиган

edible / inedible

ёвуз / хайрли

evil / kind

ҳаяжонли / зерикарли

excited / bored

семиз / озғин

fat / thin

биринчи / охирги

first / last

дўст / душман

friend / enemy

тўла / бўш

full / empty

қаттиқ / юмшоқ

hard / soft

оғир / енгил

heavy / light

очлик / чанқов

hunger / thirst

касал / соғлом

ill / healthy

ноқонуний / қонуний

illegal / legal

зиёли / калтафаҳм

intelligent / stupid

чап / ўнг

left / right

яқин / узоқ

near / far

янги / ишлатилган

new / used

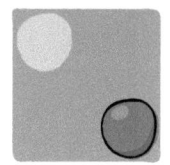

ҳеч нарса / бир нарса

nothing / something

қари / ёш

old / young

ёниқ / ўчиқ

on / off

очиқ / ёпиқ

open / closed

паст / баланд

quiet / loud

бой / камбағал

rich / poor

тўғри / нотўғри

right / wrong

нотекис / текис

rough / smooth

хафа / хурсанд

sad / happy

қисқа / узун

short / long

секин / тез

slow / fast

нам / қуруқ

wet / dry

илиқ / салқин

warm / cool

уруш / тинчлик

war / peace

0

ноль

zero

1

бир

one

2

икки

two

3

уч

three

4

тўрт

four

5

беш

five

6

олти

six

7

етти

seven

8

саккиз

eight

9

тўққиз

nine

10

ўн

ten

11

ўн бир

eleven

12

ўн икки

twelve

13

ўн уч

thirteen

14

ўн тўрт

fourteen

15

ўн беш

fifteen

16

ўн олти

sixteen

17

ўн етти

seventeen

18

ўн саккиз

eighteen

19

ўн тўққиз

nineteen

20

йигирма

twenty

100

юз

hundred

1.000

минг

thousand

1.000.000

миллион

million

рақамлар - numbers

Инглиз

English

Америкача инглиз тили

American English

Хитой тилининг Мандарин лаҳчаси

Chinese Mandarin

Ҳинд

Hindi

Испан

Spanish

Француз

French

Араб

Arabic

Рус

Russian

Португал

Portuguese

Бенгал

Bengali

Немис

German

Япон

Japanese

Мен

I

Сен

you

у / у / у

he / she / it

биз

we

сизлар

you

улар

they

ким?

who?

нима?

what?

қандай?

how?

қаерда?

where?

қачон?

when?

исм

name

орқада

behind

ичида

in

олдида

in front of

узра

over

устида

on

тагида

under

ёнида

beside

ўртасида

between

жой

place